UNICORNS
& FRIENDS
ACTIVITY BOOK

This Book Belongs to:

Jami

Over 30 Fun Unicorns & Friends Themed Activities

Mazes

Word Searches

Word Scrambles

Coloring Pages

Crossword Puzzles

Story Prompts

More...

Connect the dots then draw eyes on the unicorn.

Lioncorn Word Search

```
        T   N   J   Y                        B   N   I   H
      N   X   Q   Y   D   K                E   M   N   R   P   Z
    L   A   C   I   G   A   M   G            A   E   N   O   U   O   S   K
  I   I   I   W   E   R   W   L   B        U   C   R   G   R   D   I   T   M   H
X   D   S   J   I   D   L   Y   U   Y   T   B   O   A   R   Q   D   G   D   L   L
O   U   S   F   D   O   I   R   Q   I   L   C   P   J   T   I   L   R   N   B   V
L   D   Q   S   V   V   I   R   F   W   I   U   G   I   W   F   S   V   E   I   Y
Z   R   I   E   D   G   N   U   P   N   D   D   F   I   H   G   O   L   E   U   K
O   E   X   A   J   N   L   R   U   M   N   X   L   R   C   O   I   F   C   P   W
  A   U   N   S   B   E   C   O   Q   L   D   O   Q   O   E   Z   N   Z   S
  M   F   I   I   A   U   I   F   H   E   P   C   K   V   L   F   W   L   I
    Q   M   E   T   V   A   R   O   R   N   X   E   L   W   O   E   U
      L   A   E   I   T   A   Q   F   R   R   A   L   T   H   E   C   Y
        L   F   Q   Q   E   N   A   C   M   E   M   M   P   T   L
          G   R   I   B   O   N   A   O   G   C   I   M   K
            U   I   R   U   K   A   T   H   N   C   U
              L   C   L   I   O   N   G   V   T
                P   A   X   W   A   R   M
                  X   Q   M   Z   K
                    T   Z   O
                      S
```

AFRICA
ANIMAL
BEAUTIFUL
BELIEVE
CAT
COLORFUL
CUTE
DREAM
FRIENDS
HORN
KINGDOM
LION
LOVE
MAGICAL
MANE
PRIDE

PURR
ROAR
SAVANNA
SLEEPING
UNICORN
WILD

Unicorn

WORD SCRAMBLE

RUCOSNNI _UONIcorn_

OMNKGID _____

VLOE _____

RDSEMA _____

RLASKEP _____

IBARNOW _____

RIGTLET _____

MCITJSAE _____

AMCIG _Magic_

LEITFUBAU _____

KSY _SKY_

HANECEDNT _____

If I had a unicorn
I would...

Across

3 Supernatural power, spells, or charms.

6 Mythical winged monsters that fly and breathe fire.

8 Under a magical spell.

9 Large house where the king, queen, princesses, and princes live.

10 This appears in the night sky and looks different based on the sun's reflection.

Down

1 Glowing celestial objects visible in the night sky.

2 A country, region, or world ruled by a king and queen.

4 Having impressive dignity and beauty.

5 Long, thick hair that flows from the neck and down the back of a unicorn.

7 Shine brightly or give off vivid flashes of light.

9 Fluffy white masses of water and ice particles that float in the air.

draw faces on the bunnicorns

zzz...

UNICORN
WORD SCRAMBLE

CNIONRU

OABRIWN

SCLAET

LUCSDO

LMAAIN

GMICA

Magical WORD SEARCH

ANIMAL
BELIEVE
CASTLE
CLOUDS
COLORFUL
DREAM
ENCHANTING
FAIRY DUST
FAIRYTALE
FOREST
FRIENDS
GEMS
GLITTER
HAPPY
HORN

IMAGINATION
KINGDOM
LEAP
LOVE
MAGIC
MAJESTIC
MOON
MYTHICAL
PRETTY
RAINBOW
SPARKLE
STARS
UNICORNS
UNIQUE
WAND

```
                Z
              N G Y
            W M J L Z
          O O O F V I L
        V D U S B O W T B
      R G O P F N N Z Y T M
    A N C S A U W L I P B E H
  W I O H I T X F A U A P W R U
G K Q W R A M M L E X I R H L Y Z
F E C T Y R W P A A O T S E R O F I L
H J M I T K Z J C P U G D E T E E R A C
T H I S A G N N I Z N Y J I F U A J T V Z P A
L D V Z L M C C H A L X J C U C H P R A Z O T L S
B Z N A E G T O T R C O L O R F U L P W S U H L T D D
N L Y A U M L E Y O P N G D J Q J O K C N L T T F N U K H
N Z M X W V A W M F T N K E N C H A N T I N G K H O D O M Z H
T V V N L E E V E I L E B U A N J P I V C I S D Y M L W D
B D E W R R I X B W I M M I A I P M A J E S T I C C E
A M F D E N S P A R K L E R C R S H A P N V Q W D
Q N E O N R L E A P P R X Q T S N R O C I N U
U F C G B O O U R O C L L Z P O F L F H T
E R F A P H E Q R N E G Q M O E J M S
T I I A T N O I T A N I G A M I U
H E T R H O S N C H C U J N D
Y N E A X K M U U X Z Q Y
B D W B A N I M A L R
E S W S S I A Y I
S D P U O R A
W Z R Z F
E P Q
F
```

Draw a
unicorn

Help the pandicorn get back to his rainbow.

The unicorns decided to throw a birthday party.
Mr. Donkey dressed up like a unicorn so that he
could attend. Can you tell which shadow belongs
to Mr. Donkey?

Spot the Difference

Help the little monkey find the magical horn so that he can fulfill his dream of becoming a

unicorn!

Write a story about a unicorn.

BELIEVE
CATICORN
CLAWS
CUTE
ENERGETIC
FELINE
FLUFFY
FRIENDSHIP
KITTEN
KITTY CATS
MAGICAL
MEOW
MISCHIEVOUS
PET
PLAYFUL
PURR
SCRATCHPOST
TAIL
TOYS
UNICORN
WHISKERS
YARN

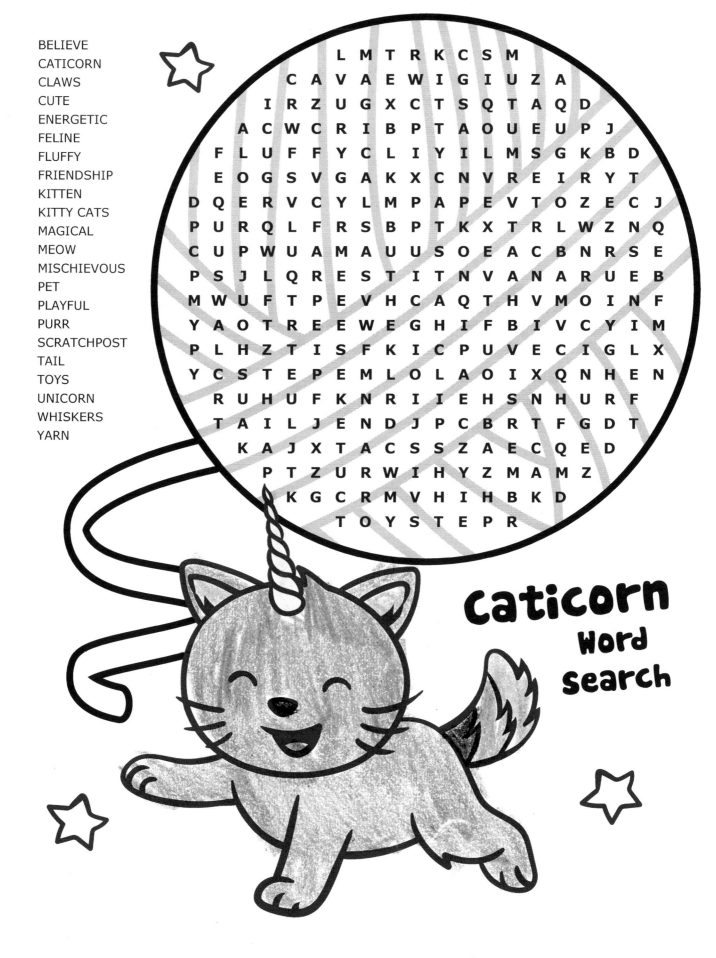

```
          L M T R K C S M
        C A V A E W I G I U Z A
      I R Z U G X C T S Q T A Q D
    A C W C R I B P T A O U E U P J
    F L U F F Y C L I Y I L M S G K B D
    E O G S V G A K X C N V R E I R Y T
  D Q E R V C Y L M P A P E V T O Z E C J
  P U R Q L F R S B P T K X T R L W Z N Q
  C U P W U A M A U U S O E A C B N R S E
  P S J L Q R E S T I T N V A N A R U E B
  M W U F T P E V H C A Q T H V M O I N F
  Y A O T R E E W E G H I F B I V C Y I M
  P L H Z T I S F K I C P U V E C I G L X
  Y C S T E P E M L O L A O I X Q N H E N
  R U H U F K N R I I E H S N H U R F
  T A I L J E N D J P C B R T F G D T
    K A J X T A C S S Z A E C Q E D
    P T Z U R W I H Y Z M A M Z
      K G C R M V H I H B K D
        T O Y S T E P R
```

caticorn
Word
search

My Unicorn Adventure

A comic by:

_____

Draw what your family would look like if they were unicorns.

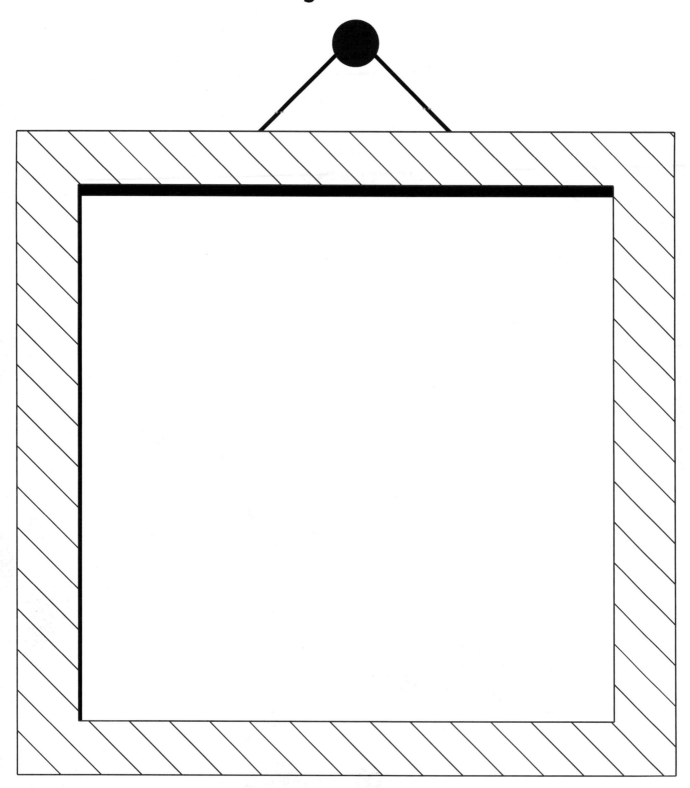

Under the Sea WORD SCRAMBLE

LUAICNTA

RALHANW

RWEUTDNREA

RASKH

RUTETL

ESA

AECNO

UNICORN
WORD SEARCH

Across

4 Something involving magic or is delightful in a way that seems removed from everyday life.

6 To have confidence something is true even without proof.

8 Pointy bone that projects out of the head of certain real and mythical animals.

9 Two or more people who share interests and like to do things together.

12 Based on a myth.

Down

1 Mythical horse with flowing mane and a single horn on its head.

2 Colorful arc of colors that appears in the sky after it rains.

3 Small, sparkly, and colorful particles that reflect light.

5 Mental images that play in your head while you sleep.

7 Genre of fiction set in a mythical world.

10 The part of a bird, insect, or unicorn that helps it fly.

11 Feeling great pleasure or joy.

UNICORN

How many words can you make from the above word?

_____   _____

_____   _____

_____   _____

_____

_____

_____

_____

Magical Word Scramble

CNRIONU _____

LAGMIAC _____

LDUCSO _____

RATSS _____

REDMYA _____

HACTYLMI _____

HNRO _____

NIGWS _____

EEVEBLI _____

ISWH _____

ALPACA CORN
WORD SEARCH

O E W S H H C M V E L I S W G
S F O S A C A P L A X N D E N
R P O X O F Y Z A F O P S C Y
B L L G A U L O Y D C U T E C
H O Q R S F T S A F I J G E X
F E M B U V O H C R A S M L P
X V L R R F X S A I B G X F I
H O E T T O N Y U M A V B H H
N P Y Q N R D E H M E O Y O J
O E Z O O E W A K M L R X N B
R Q P C S A G K U I N Z I D X
F S I S S Q E B V C Z B O C E
R N D R E H Q I Q V E L U F A
U N T E U U A Q K B V L M J B
O B Q U P S W E E L I H C X Y

ALPACA

BOLIVIA

CHILE

CUTE

ECUADOR

FARM

FLEECE

GENTLE

HERD

HUACAYA

PERU

SOFT

SOUTH AMERICA

SURI

UNICORNS

WOOL

ZOO

Help the
baby unicorn
find his
mommy.

START

FINISH

What would you do if you found a magic unicorn horn?

_____

_____

_____

_____

_____

_____

_____

_____

_____

_____

_____

_____

_____